Für unsere Kinder, Poppy und Harry,
und für Jake, unseren Hund,
weil er so geduldig war – N.B. & A.H.

Samen
Rosenmalven

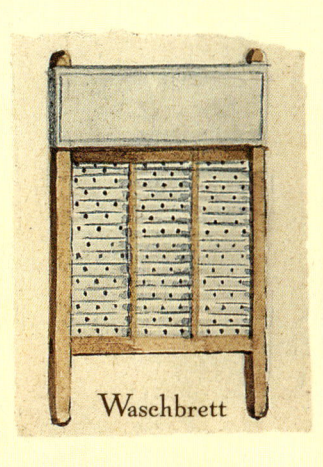

Waschbrett

Tick Tack

Nigel Brooks &
Abigail Horner

Das Landmaushaus
Wie wir vor hundert Jahren
gelebt haben

Aus dem Englischen
von Wolfram Sadowski

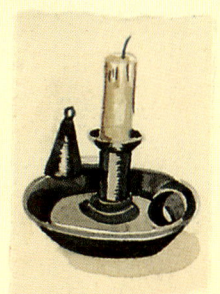

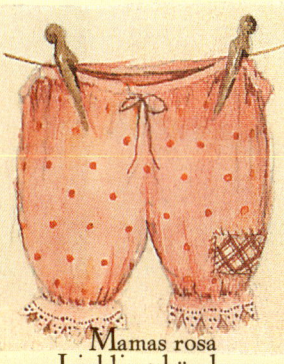

Mamas rosa
Lieblingshöschen

Parabel

Willkommen

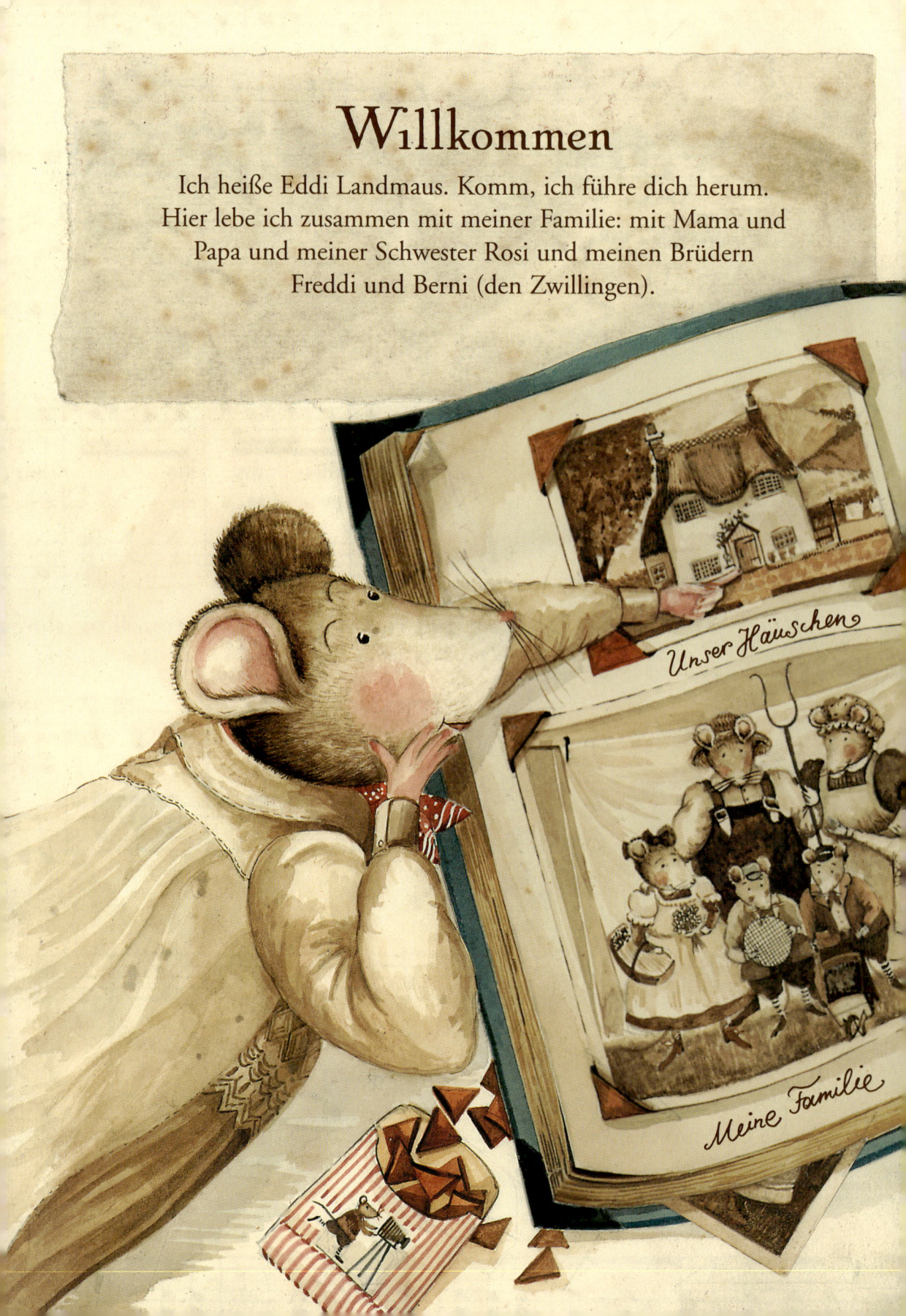

Ich heiße Eddi Landmaus. Komm, ich führe dich herum. Hier lebe ich zusammen mit meiner Familie: mit Mama und Papa und meiner Schwester Rosi und meinen Brüdern Freddi und Berni (den Zwillingen).

Es ist das Jahr 1900. Es ist Hochsommer, und von morgens
bis abends arbeiten wir fleißig im Garten unseres Häuschens.
Blättere um, und unsere Geschichte beginnt ...

Unser großer roter Hahn

Freddi und Berni schlafen noch

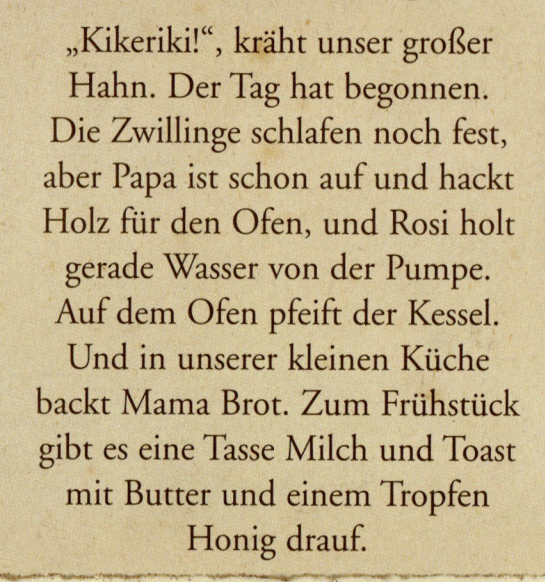

Ein Joch zum Wasserholen

Tick Tack

Die Pumpe

Kohleneimer

Guten Morgen

„Kikeriki!", kräht unser großer Hahn. Der Tag hat begonnen. Die Zwillinge schlafen noch fest, aber Papa ist schon auf und hackt Holz für den Ofen, und Rosi holt gerade Wasser von der Pumpe. Auf dem Ofen pfeift der Kessel. Und in unserer kleinen Küche backt Mama Brot. Zum Frühstück gibt es eine Tasse Milch und Toast mit Butter und einem Tropfen Honig drauf.

Wedel

Brotform

Sieb

Mehl

Trautes Heim
Glück allein

Honigtopf

Blasebalg

Anzünd- und
Feuerhölzchen

An unserem Gartentor

Zwei Liter Milch

Milchbrötchen zum Tee

Wir warten gern an unserem Gartentor, um zu sehen, wer draußen vorbeigeht. Da kommen sie die kurvige Straße entlang – der Milchmann, die Hausiererin, der Bäckerbursche, der Eisverkäufer, der Kesselflicker und der Postbote. Mama hat eine Teekanne aus Porzellan gekauft, die von ganz weit her gekommen ist: aus China!

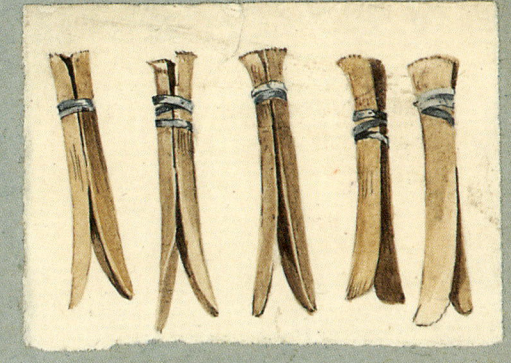

Wäscheklammern

Ein Eimer
mit Eis

Geburtstagskarten für
Freddi und Berni

Der Gartenschuppen

Gartenschuppen

Feinster Kohl

Radieschen

Kelle

Gabel

Pflanztisch

Im Gartenschuppen ist Mama am liebsten. Er ist voller Werkzeuge und Sachen, die wir brauchen, damit es in unserem Garten gut wächst: Da gibt es Spaten und Gabeln und Hacken und Garten- und Heckenscheren und Rechen- und Samenpäckchen in hellbunten Farben.

Schubkarre

Samen
Rosenmalven

Im Frühling habe ich Mama dabei
geholfen, die Sämlinge in die Töpfe zu
pflanzen – ein winziges Samenkorn ist
jetzt eine hoch gewachsene Malve!

Unser Landgarten

Wir arbeiten alle im Garten. Wir graben und pflanzen und jäten und bewässern. Das gibt für uns alle genug zu essen und dazu noch Vorrat für den Winter.

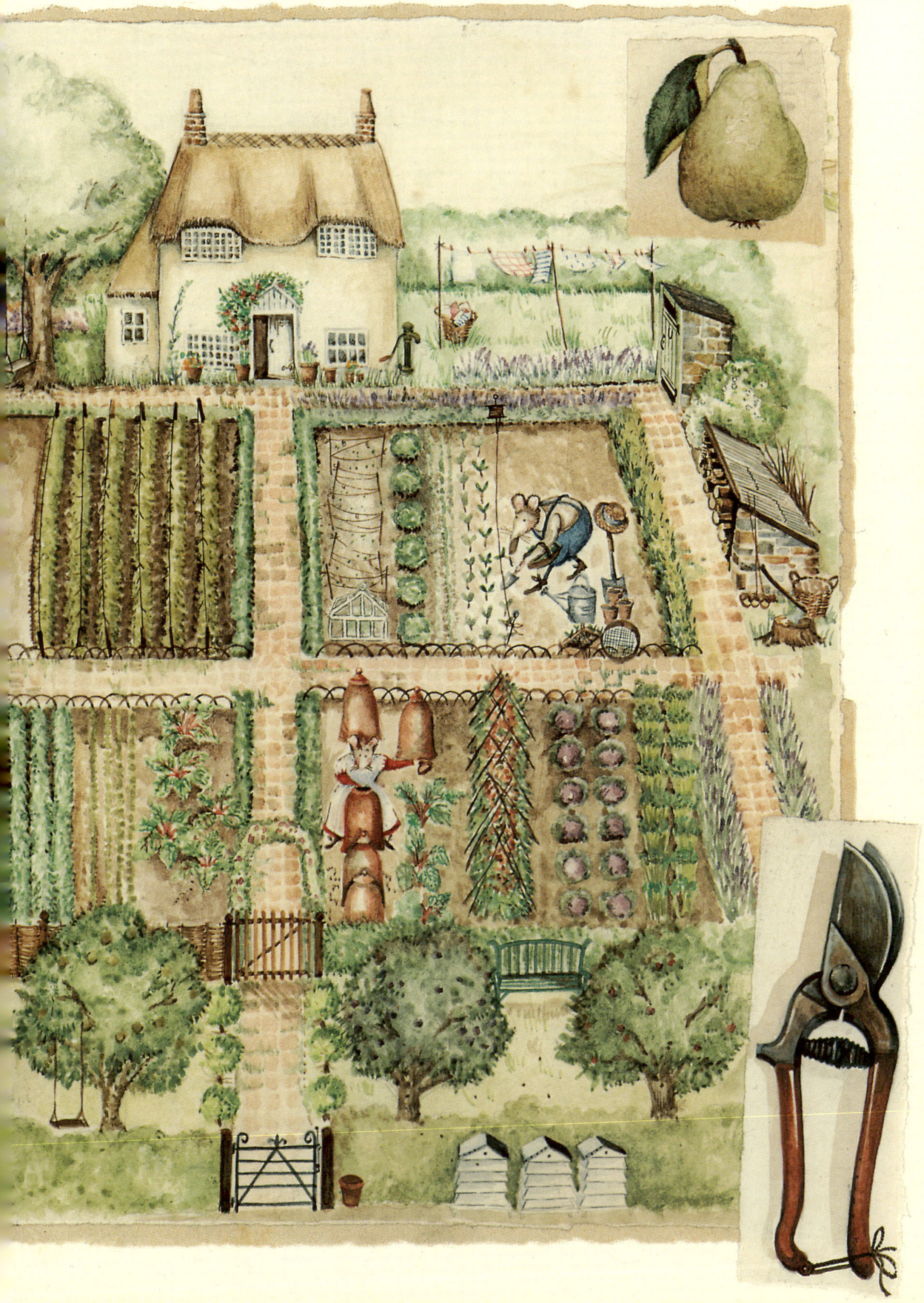

Die Waschküche

Montags ist Waschtag. Wir stehen alle früh auf, um zu helfen. Das Waschbrett steht im Zuber ...

Wäscheklammer

Scheuerbürste

Wäschestampfer

Waschbrett

Mama bügelt

Mamas rosa Lieblingshöschen

... und wir tunken die Wäsche ein und rubbeln und schrubben.

Dann wird alles durch die Mangel gedreht und ...

... kommt hinein in den Wäschekorb und hinauf auf die Leine – unsere Unterhemden und Unterhosen und Socken; Geschirrtücher, Hemden und Tischtücher. Wenn alles trocken ist, nimmt Mama ein heißes Bügeleisen vom Herd und bügelt die Knitterfalten glatt. Dann wird alles zusammengelegt, frisch und sauber. Wenn doch bloß jemand eine Waschmaschine erfinden würde (sagt Mama)!

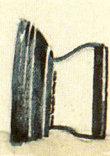

Was wir anziehen

Unterhemd

Wollschal

Fäustlinge

Fliegen und Kragen

lange Unterhosen

Strohhut

Stoffmütze

Taschentuch

Weste

Sonntagshosen

Getupftes Taschentuch um den Hals, lange Unterhosen und Unterhemd, grobe Baumwollhosen, Sonntagsmütze, Sommerkittel und breiter Strohhut.

Socken

Stiefel

Jacke aus Kordsamt

Leinenkittel

Kniehose mit Trägern

Strohhut

Sommerhaube

Schal

Handschuhe und Umhang

Unterhemd

Höschen

Schal mit gedruckten Rosen drauf,
gestärkte Schürze, Sommerhaube auf,
das feine Sonntagskleidchen an,
Höschen und Hemdchen mit Spitzen dran.

Strümpfe

Stiefel

Alltagskleid

Schürze

Sonntagskleid aus Musselin

Unsere Dorfschule

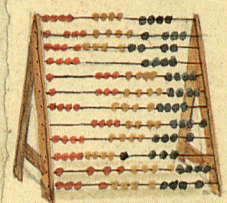

Rechenbrett

Tafel

Wir gehen alle in die kleine Dorfschule, die großen Kinder, die kleineren und die dazwischen. Unsere Lehrerin Frau Pinki läutet die Schulglocke. Sie ist sehr streng, und keiner wagt es, zu spät zu kommen! Wir lernen Rechnen und schreiben unsere Buchstaben auf eine Schiefertafel. Die Älteren benutzen Papier, Federhalter und Tinte.

Wir dürfen in der Klasse nicht flüstern. Wir dürfen nicht brüllen oder freche Antworten geben. Wir dürfen nicht kichern oder reden, wenn wir nicht gefragt sind, sonst könnten wir mit dem Stock eins hinten drauf kriegen.

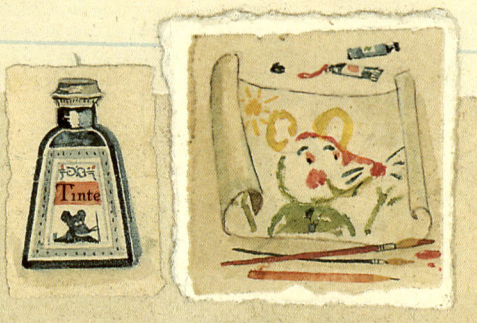

Rohrstock

Schulglocke

Stifte und Federn

Ranzen

Kreide und Schiefertafel

Zeit zum Spielen

Kommt, jeder, der da spielen mag! Der Mond scheint hell, als wär es Tag!

Wir rollen unsere Reifen, ...

schaukeln in den Himmel hinein, ...

Wenn die Schule aus ist und wir unsere Aufgaben gemacht haben, gehen wir alle raus zum Spielen.

knien uns hin und fangen Fische,
winzig klein ...

wir hüpfen Seil, ...

plumpsen ins Heu,
wälzen uns drin, juchhei!

und spielen im Herbst
das Kastanienspiel –
oh, meine ist schon
entzwei!

Küche auf dem Land

Wir kochen unser Gartengemüse in einem großen schwarzen Topf, der auf dem Küchenherd blubbert, während Mama den Teig für den Käsezwiebelkuchen macht. Sonntags gibt es etwas besonders Leckeres, zum Beispiel Siruptörtchen und Knusperplätzchen.

Nudelholz

Mäuse-Senf

Der Küchenherd

Rührbesen aus Draht

Anrichte

Dosenöffner

Küchenmühle

Puddingform

Dampfkochtopf

Bratpfanne

Kupferpfanne

Abendessenszeit

„Die Welt ist schön – wir danken Dir.
Dank auch für unser Essen hier."

Karottensuppe

Mäusebier

Schimmelkäse

Hornbeche

Papa spricht das Tischgebet, und dann reden wir über den Tag.

Mamas spezieller Käsezwiebelkuchen

Apfelwein

Zinnbecher

Kaffeemühle

Apfelkuchen

Teetasse aus Keramik

Abendzeit

Öllampe

Papas Tonpfeife

Wenn der Abend anbricht, machen wir es uns miteinander gemütlich ...

Gespenstergeschichten im Kerzenschein!

Ich spiele auf meiner
Ziehharmonika,
Freddi spielt auf seiner Flöte.
Lustig tanzen wir herum.
Mama klöppelt ihre Spitzenborte.
Ich schneide Sammelbilder aus
und klebe sie in mein Album.

Zeit zum Baden

Schwamm

Spielboot

Kleiderständer

Waschbecken

Einmal in der Woche holt Mama Wasser von der Pumpe und macht es auf dem Ofen heiß. Sie füllt die Badewanne und scheuert uns, schrubb-schrubb, den Rücken ab. Wir kommen alle in dasselbe Wasser hinein, deshalb will jeder der Erste sein!

Krug und Schüssel

Unsere Toilette, Abort genannt, ist draußen, am Kohlbeet vorbei und dann den Gartenweg entlang.

Berni vergisst immer, den Riegel innen vorzuschieben ...

Zeit, ins Bett zu gehen

Wir quetschen uns alle zusammen in unser großes Messingbett.
Ich träume von dem Tag, an dem ich erwachsen bin und
endlich ein Bett für mich allein habe.

Tick Tack

Nachtmütze

Schlaftrank

Nachttopf

Wärmepfanne aus Kupfer

Mama deckt uns zu und bläst die Kerze aus.
„Träumt schön", flüstert sie, „gute Nacht!
Gott schütze unser Haus."

Die Deutsche Bibliothek – CIP-Einheitsaufnahme

Ein Titeldatensatz für diese Publikation ist bei
Der Deutschen Bibliothek erhältlich

Parabel® Bilderbuch
© Nigel Brooks & Abigail Horner 1999
First published 1999 by Hutchinson Children's Books, Random House UK Ltd.
Original title: Country Mouse Cottage
Für die deutschsprachige Ausgabe
© Copyright Middelhauve Verlags GmbH
für Parabel Verlag, D-81675 München
Alle Rechte vorbehalten, auch die des auszugsweisen Abdrucks,
gleich welcher Medien

Printed in Singapur

ISBN 3-7898-0497-5